Karl Berthold Hofmann

Das Rätsel des Lebens und die Versuche es zu deuten

Karl Berthold Hofmann

Das Rätsel des Lebens und die Versuche es zu deuten

ISBN/EAN: 9783743489837

Hergestellt in Europa, USA, Kanada, Australien, Japan

Cover: Foto ©ninafisch / pixelio.de

Manufactured and distributed by brebook publishing software
(www.brebook.com)

Karl Berthold Hofmann

Das Rätsel des Lebens und die Versuche es zu deuten

DAS

RÄTHSEL DES LEBENS

UND DIE

VERSUCHE ES ZU DEUTEN.

—

REDE

GEHALTEN BEI DER INAUGURATION ALS RECTOR MAGNIFICUS
DER K. K. KARL-FRANZENS-UNIVERSITÄT IN GRAZ
AM 4. NOVEMBER 1898

VON

PROF. Dr. KARL B. HOFMANN.

— —

DER REINERTRAG IST DEM FREITISCH-INSTITUT DER UNIVERSITÄT
GEWIDMET.

GRAZ.

LEUSCHNER & LUBENSKY

UNIVERSITÄTS-BUCHHANDLUNG.

1899.

K. K. UNIVERSITÄTS-BUCHDRUCKEREI „STYRIA“, GRAZ.

Hochansehnliche Versammlung!

Eine schwierige Aufgabe ist es, Einzelfragen seines Faches so zu behandeln, dass man die Aufmerksamkeit auch derer, die dem Fache ferne stehen, zu fesseln vermag; sie wird nur einem vollendeten Meister der Darstellung gelingen.

Diese bange Erwägung bestimmt mich, zu der heutigen festlichen Gelegenheit für meinen Vortrag einen Stoff zu wählen, der mit meinem Fache in Beziehung steht, und dem zugleich — selbst bei mangelhafter Behandlung — ein allgemeineres Interesse nicht versagt sein dürfte: »Das Räthsel des Lebens, und die Versuche es zu deuten.«

Ich meine nicht die Frage nach der ethischen Bedeutung des Menschenlebens, auch nicht jene andere Seite des Lebensräthsels, die mit dem Geheimnisse des Daseins überhaupt zusammenfällt. Auf diese Fragen findet der Einzelne, je nach seiner Anlage und seinem Entwicklungsgange, in der metaphysischen Speculation für den Intellect, in religiösen Ahnungen und Offenbarungen für das verlangende Gemüth die 'gesuchte Antwort. Diese beiden Seiten des Lebens gehören nicht zur Aufgabe der Naturwissenschaft. Sie hat das Leben nur als Theilerscheinung des großen Ganzen unter der Kategorie der Causalität zu deuten, ohne Rücksicht darauf, ob damit dem geistigen Bedürfnisse des Menschen volles Genüge wird. Und nur von diesem Gesichtspunkte aus wollen wir den Gegenstand betrachten.

Es entpricht der Natur unseres Denkens, seine Gebilde zu hypostasieren. Das erschütternde Schauspiel des unter Qualen erlöschenden Lebens führte zu allen Zeiten und bei den meisten Völkern zur Objectivierung, ja selbst zur Personification des Todes — von Yama an, dem furchtbar schönen Todesgotte der indischen Sage, und den Walküren unserer heidnischen Ahnen, bis zu dem sensenbewaffneten Gerippe, das noch heut die trübe Phantasie von Tausenden mit seinem hässlichen Bilde erfüllt. Auch das Leben, für das zwar — wie ich glaube — keine mythische Gestalt geschaffen worden, stellt sich dem naiven Denken als eine Sache dar, wie es unsere Sprache durch die Wendungen »sein Leben hingeben«, »das Leben nehmen«, und ähnliche verräth.

Der Menschengeist musste einen langen Weg der Entwicklung zurücklegen, bevor ihm das Leben ein Gegenstand der Forschung ward.

Was ist nun aber das Leben?

Wenn man im einzelnen Falle nicht leicht in Verlegenheit geräth zu entscheiden, ob ein Gegenstand unbelebt, lebend oder todt sei, so ist doch bis jetzt eine befriedigende Definition des Lebens nicht aufgestellt. *Cl. Bernard,* einer der bedeutendsten französischen Physiologen, gibt gar keine Definition. Nach ihm zeigen die Lebewesen einen organischen Plan, welchem folgend, die Phänomene sich an den physikalischen Agentien abspielen, ohne von ihnen die Richtung zu empfangen.[1] *Bichat,* der Begründer der Histologie und allgemeinen Pathologie, gibt sogar eine Art negativer Definition: *la vie est l'ensemble des fonctions, qui resistent à la mort,* d. h. das Leben ist eine Abwehr des Todes.

In der That unterliegt der Begriff des Lebens Wandlungen, und hat einen immer reicheren Inhalt angenommen, in dem Maße, als bei Anwendung neuer schärferer Methoden das Leben der tiefer eindringenden Beobachtung neue und neue Seiten wies. Ich will Sie nicht auf das dürre Gebiet der verschiedenen Definitionen führen; nur auf einige Gesichtspunkte, von denen aus man es zu betrachten hat, möchte ich Ihre Aufmerksamkeit lenken.

Das Leben erscheint uns unter zwei Formen: die eine, ununterbrochen fortdauernd seit es auf der Erde begonnen hat; die andere — als individuelles Dasein — ihren baldigen Abschluss im Tode findend. Die erste ist der ewig fließende Strom des Lebens, die andere gleicht den Wellen, die sich in ihm heben, sich drängen und ablaufen, um neu entstandenen Platz zu machen.

Das niedrigst individualisierte Leben erscheint von diesem Lose ausgenommen. Die Amoebe z. B. ist virtuell unsterblich, d. h. sie kann nicht (wenn ich so sagen darf) an Altersschwäche sterben. Nur ein gewaltsamer Tod (Hitze, giftige Stoffe, wenn sie von andern Thieren verzehrt wird u. s. w.) macht ihr ein Ende. *(Metschnikoff.)* Stellen Sie sich ein Klümpchen organische Materie (Protoplasma) vor, das einen Kern einschließt. Nach einer gewissen Zeit beginnt dieser sich biscuitförmig einzuschnüren; immer enger wird die Brücke; um die beiden Enden sammelt sich Protoplasma und ist der letzte verbindende Faden gerissen, so sind zwei gleichartige Amoeben vorhanden. Welche ist die Mutter, welche die Tochter? welches von den beiden Thierchen darf man älter nennen? Durch Nahrungsaufnahme entwickelt sich jedes weiter, gelangt wieder zur Theilung und so endlos fort. Diesem einfachsten Typus des Lebens stehen die höher individualisierten Lebensformen gegenüber, deren Erhaltung an die Concurrenz zweier Zellen gebunden ist.

Das Kennzeichen des Lebens ist nicht, wie manche meinen, die functionelle Einheit — diese kommt einer Maschine auch zu —, sondern die Continuität: das Streben sich zu erhalten im individuellen Dasein und darüber hinaus. Nirgends — soviel uns bekannt ist — entsteht es heut auf Erden; es pflanzt sich nur fort, eine ununterbrochene Reihe von Generationen bildend. Es tritt uns in zwei großen Gruppen: als Reich der Pflanzen und Thiere entgegen, zwischen denen die Übergänge so allmählich sind, dass kaum eine scharfe Grenze zwischen pflanzlichem und thierischem Wesen zu ziehen ist. Nicht aber besteht ein solcher Übergang von den leblosen Körpern zu den belebten. Manche haben Leben und Bewegung für gleichbedeutend erklärt; meines Erachtens ein irreführender Missbrauch des Wortes. Freilich würde, damit der Begriff des Todes inhaltlos, dem doch eine recht bittere Realität nicht abzusprechen ist. Ich kann meine Überzeugung nicht besser ausdrücken, als mit *Virchows*[2] Worten: »Will man sich nicht in unklare und willkürliche Träumereien vertiefen, so muss man den Begriff des Lebens allein an die lebenden Wesen knüpfen. Die Pflanze, das Thier, der Mensch sind die einzigen bekannten Träger des Lebens.« Auch die unorganische Natur hat ihre Thätigkeit, ihr ewig reges und bewegtes Schaffen, nur ist diese Thätigkeit nicht Leben.

An die Frage nach dem Wesen des Lebens schließt sich naturgemäß die nach seiner Entstehung an. *Preyer* glaubt, sie als eine transscendentale von sich schieben zu können. Er meint, die Annahme einer ersten Entstehung des Lebens aus den anorganischen Stoffen, die sogenannte »Generatio aequivoca«, sei ein Dogma, und erklärt die »Erhaltung des Lebens« — »analog« der Erhaltung der Materie und Kraft — für einen physiologischen Grundsatz. Abgesehen davon, dass hier keine Analogie stattfindet, übersah er, dass seine Behauptung ja auch dogmatisch ist. Er flüchtete sich zu der abenteuerlichen Annahme, dass die Lebenskeime mit den Meteoriten zur Erde gelangt seien, ohne die hohe Temperatur zu berücksichtigen, welche wahrscheinlich die Entstehung der Meteoriten und jedenfalls ihren Eintritt in unsern Luftkreis begleiten musste. Andererseits muss man freilich zugeben, dass die Annahme einer Entstehung des Lebens aus anorganischer Materie, zu der man gedrängt ist, nicht einmal durch eine schwache Analogie gestützt wird. Die bisher aufgestellten Hypothesen sind darum nur ein mehr oder minder scharfsinniges Spiel mit Möglichkeiten. So haben die größten Denker über diese Frage entgegengesetzte Ansichten vertreten. Während *Aristoteles* eine Abiogenesis aus Erde oder faulenden Stoffen annimmt, erklärt *Kant* »die Erzeugung eines organischen Wesens durch die Mechanik der rohen unorganischen Materie« für ungereimt.[3]

* * *

Wie der hellenische Geist in so vielen Wissensgebieten die Grundlagen geschaffen hat, so waren es auch griechische Naturphilosophen (φυσιολόγοι), die sich zuerst an die Deutung des Lebensräthsels wagten. Ihnen folgten die Ärzte, die ja ihrem Berufe nach am meisten Anlass haben, den Lebensvorgängen nachzuforschen; bis in jüngster Zeit die Biologie — die Lehre vom Leben im weitesten Umfange — von verschiedenen Naturwissenschaften zugleich Förderung und Beleuchtung erfuhr. Aber auch als die Ärzte und Naturforscher die Bearbeiter der Lehre vom Leben wurden, blieb sie, trotz deren zeitweiligem scharfen Gegensatze zu den Naturphilosophen, nicht unbeeinflusst von den jeweiligen metaphysischen Strömungen und erkenntnistheoretischen Ansichten.

Eine Reihe einfachster Beobachtungen bildeten die Grundlage der ersten Hypothesen. Die Wahrnehmung, dass Pflanze und Thier ohne Wasser zugrunde gehen muss, mochte *Thales* von Milet, auch ohne Einfluss ägyptischer Lehrmeinungen[4], zu der Überzeugung geführt haben, dieses als Urelement zu erklären. Des Sterbenden letzter Hauch schien dagegen seinem

Landsmanne *Anaximenes* Recht zu geben, dass die Luft (πνεῦμα) das belebende Element sei. *Diogenes* von Apollonia, ein Arzt von ungewöhnlich großen anatomischen Kenntnissen, entwickelte diese Lehre weiter. »Die Luft ist ihnen (den Thieren und dem Menschen) Seele und Denkkraft (νόησις): wenn das Athmen aufhört, so stirbt der Mensch und das Bewusstsein schwindet auch.« Die psychischen Vorgänge der Freude und Trauer sucht er aus der Menge der Luft und der Art ihrer Vertheilung zu deuten. Ja er glaubt, die Pflanzen seien darum ohne Bewusstsein, weil ihnen hohle Organe (wie Lunge und Herz) fehlen, darein die Luft aufzunehmen.[5]

Herakleitos von Ephesos endlich, ein Mann von stolzer, bewusster Überlegenheit, welchen seine Zeitgenossen, unfähig seine Gedankentiefe zu fassen, den »Dunklen« nannten, erklärte das ewige Feuer (πῦρ ἀείζωον), das mit dem sichtbaren, irdischen Feuer nicht verwechselt werden darf, für den Urgrund des Lebens, ja des Alls — ein äußerst feiner Stoff, in ewiger Bewegung begriffen, alles durchdringend, alles mit Leben durchwärmend, die Grundbedingung des Bewusstseins und Denkens. Klingt dies nicht wie eine Vorahnung unserer Kenntnisse von jener Energie, die als Licht von der Sonne zur Erde strömt — hier Leben schaffend und erhaltend?

Endlich konnte einem kriegerischen Volke nicht entgehen, wie das Leben des schwer verwundeten mit dem Blute dahinfließt, wie das Pochen des Herzens aufhört und der todte Körper erkaltet. So musste das Herz als Sitz der Lebenswärme, musste das Blut als ein »ganz besonderer Saft« erscheinen. Sie erinnern sich vielleicht der ergreifenden Schilderung, wie Odysseus, sein Schicksal zu erkunden, in Aides Haus hinabsteigt; gierig drängen sich die Schatten heran zu der blutgefüllten Grube, um aus ihr Erinnerung ihres Erdendaseins zu trinken.

Die aufgezählten Thatsachen also mochten es wohl sein, aus denen sich die Theorie herausbildete, dass die Luft und die eingepflanzte Wärme (ἔμφυτον θερμόν) die Ursache des Lebens seien, und die letztere im Herzen oder Blute ihren Sitz habe. Die Anhänger der materialistischen Schule betrachteten die Wärme als einen sehr feinen Stoff, der aus äußerst kleinen, vollkommen runden und sich rasch bewegenden Atomen besteht. Durch die Ausathmung gehe ein Theil davon verloren, und das Leben bleibe nur darum erhalten, weil bei der Einathmung neue solche Atome in den Körper eindringen.

Wie der größte Arzt des Alterthums, wie *Hippokrates* darüber dachte, wissen wir leider nicht, da seine wenigen echten Schriften darüber keine Äußerung enthalten. Die Schüler des großen *Koërs* stimmten im wesentlichen jener Theorie bei. In der Schrift vom ›Herzen‹, die dem hippokratischen Canon angehört,[6] wird dieses als Mittelpunkt des Lebens geschildert. Durch die eingepflanzte Wärme wird das an sich kalte Blut belebt, das von der Leber her, wo es aus der Nahrung entsteht, dem rechten Ventrikel zuströmt. Im linken Ventrikel wird aus der in die Lungen und Lungenvenen eintretenden Atemluft der Lebenshauch (πνεῦμα) entwickelt. ›Eingepflanzte Wärme‹ und ›Pneuma‹ — diesen beiden als Lebensursachen, begegnen wir hinfort bei den Ärzten der folgenden Jahrhunderte.

Des Cartes, der als Naturforscher mindestens ebenso bedeutend wie als Philosoph war — hat er doch ›die Summe der Bewegung in der Natur für unabänderlich‹ erklärt und den Satz vertreten: ›Wärme wandelt sich in Bewegung; Bewegung in Wärme‹ —, *Des Cartes*' hielt auch das Herz für das Central-organ, das theils durch die Lebensgeister (die Abkömmlinge des antiken Pneuma), theils durch das eingepflanzte Feuer bewegt wird. Diese Anschauung theilten bedeutende Ärzte: *Malpighi, Wharton, Willis* und andere.

Die glänzendste Periode der athenischen Philosophie hat unsern Gegenstand gar nicht gefördert. *Sokrates,* ganz der ethischen Seite des Lebens zugewandt, sah in den Bemühungen der Naturphilosophen nur ein leeres Spiel der Phantasie. Er hat seinen großen Zeitgenossen *Anaxagoras* von Klazomenai, den Freund des *Perikles,* nicht zu würdigen vermocht, und in dessen wissenschaftlichen Bestrebungen sogar ein frevelhaftes Beginnen gesehen. Wir werden von seinem größten Schüler kaum andere Anschauungen erwarten dürfen. *Plato* lehrt, der Tod sei eine Trennung der Seele vom Leibe, den sie als eine sie belastende und trübende Hülle abwirft. Darnach ist das Leben eine Einkerkerung der Seele in den Leib, dem nicht einmal so viel Gerechtigkeit erwiesen wird, dass er es ist, der die Seele mit dem Stoffe für ihre Thätigkeit versieht. Dass wir die Sphärenklänge — jenen Ton, den die sich bewegenden Weltsphären erzeugen sollen, — nicht vernehmen, daran trägt auch nur der plumpe Geselle, der Leib, die Schuld.« Eine solche Auffassung macht wohl nicht geneigt, den Lebensvorgängen eben dieses Leibes nachzuforschen.

Eine neue Epoche in der Lehre vom Leben beginnt mit *Aristoteles.* Dieser Riesengeist schuf eine Theorie, die mehr als zwei Jahrtausende hindurch eine fast unbeschränkte Herrschaft übte. Er, der Sohn eines Arztes aus der knidischen Schule, betrachtete als den Urgrund des Seins die Bewegung, die unentstanden, aus eigenem Antriebe (αὐτὸ ἑαυτὸ κινοῦν) und ewig sich durch die ganze Stufenreihe der Natur »wie eine Art Leben« verbreitet.[9] Die Himmelskörper, die Pflanzen und Thiere mit Einschluss des Menschen sind ein einziges Ganze. Das Weltall ist von belebender Naturkraft durchdrungen. »Alles ist gewissermaßen beseelt« (ὥστε τρόπον τινὰ πάντα ψυχῆς εἶναι πλήρη). Das organische Leben ist eine Theilerscheinung der Naturprocesse, dem großen Ganzen, dem Kosmos, eingefügt.

Aristoteles lehrt eine allmählich fortschreitende Entwickelung vom Unbelebten zum Belebten; die Naturgebilde sind eine zusammenhängende Kette durch allmähliche Zwischenstufen in einander übergehender Formen. Der Entwicklungsprocess in der Natur strebt zu immer vollkommeneren Gestaltungen; die unvollkommenen sind die Bedingung für die vollkommeneren; die niederen Stadien sind in den höheren eingeschlossen. Jede höhere Form vereint in sich das Wesen der niedrigeren Stufen und zeichnet sich vor ihnen durch eine besondere Function aus.

Die ausschließlich gestaltenden Factoren der unbelebten Welt sind die Wärme und Kälte. Die Processe verrathen keinen Zweck. Sie erfolgen aus materiellen Ursachen durch reine Nothwendigkeit. So entsteht der Regen durch Abkühlung und Verdichtung der Wasserdämpfe. Ob er auf fruchtbaren Acker oder auf Felsen, ob er ins Meer fällt, ist für das Wesen des Regens gleichgiltig. Bringt er Nutzen, so ist dies nur zufällig.

In der organischen, lebenbegabten Natur dagegen offenbart sich der Zweckbegriff. Ihre Erscheinungen lassen sich aus bloßer Nothwendigkeit der Materie nicht erklären. Der Zweck der Natur aber ist das Leben. »Das Leben nennen wir die Ernährung durch sich selbst und Wachsthum und Verfall« (τὴν δι' αὑτοῦ τροφήν τε καὶ αὔξησιν καὶ φθίσιν). Das formbildende Princip ist die Seele (ψυχή), die sich ihren Leib aufbaut, der für sie das Werkzeug ihrer Bethätigung ist. »Der Körper ist die nothwendige Manifestation der Seele, und sie selbst die immanente Thätigkeit desselben.« (Biese.) Er ist ihr so adäquat, dass *Aristoteles* schon aus diesem Grunde die Seelenwanderung für unmöglich erklärt. Einer bestimmten Seele ist ein bestimmter Leib angepasst. Das Wesen der Seele scheint nach ihm nicht Materie zu sein, sondern belebende und gestaltende Energie, die von innen heraus die Materie bildet.[10]

Die Psyche äußert sich auf der niedrigsten Stufe als Princip der Ernährung, als θρεπτική ψυχή. Sie ist allen Lebewesen mit Einschluss der Pflanzen gemeinsam, denen nur diese Stufe zukommt. Hier vergleicht sie *Aristoteles* feinsinnig mit dem Schlafe, der nicht erweckbar ist (τὸ ἀνάλογον τῷ ὕπνῳ ἀνέγερτον). Durch die Zwischenstufe der Zoophyten (Ascidien, Meernesseln, Schwämme), die man weder für Thiere, noch für Pflanzen ansehen könne, kommt sie im Thiere zu vollendeterer Entwickelung, indem zu der vegetativen Verrichtung sich als unterscheidendes Merkmal die Empfindung gesellt, aus der die Triebe und die örtliche Bewegung sich erklären;'' bis sie endlich im Menschen ihre höchste, oberste Entfaltung findet. Bei ihm erscheint neben den Functionen der Pflanze und des Thieres noch die Fähigkeit der Verallgemeinerung, des sich seiner bewusst gewordenen Denkens (νοῦς = νοητική ψυχή). Dieser theoretischen Vernunft spricht *Aristoteles* Unvergänglichkeit zu, — »sie nimmt theil an dem schöpferischen Gedanken des göttlichen Denkens.«

Auch für die Lebewesen bilden die vier Elemente die Grundlage, wozu noch der Äther in seiner feinsten Form als Lebenswärme hinzukommt. Sie vereinigen sich zu Theilchen von gleichartiger Natur (ὁμοιομερῆ): jedes Theilchen Muskel oder Knochen ist Muskel, ist Knochen. In der organischen Welt entsprechen sie unseren »Geweben«. Sie vereinigen sich weiter zu den ἀνομοιομερῆ — den »Organen«, die von einander verschieden, zusammen den lebenden Organismus bilden. Die einzelnen Organe dienen dem Leben als ihrem Zwecke, indem jedes so eingerichtet ist, dass es auf die Erhaltung des Lebens, des Gesammtorganismus, abzielt. Nach dem Zweck der einzelnen Organe habe man zu forschen; hier genüge die Erklärung aus einfachen, materiellen Ursachen nicht. Er widmet dieser Betrachtung das Werk »Über die Theile der Thiere«.

Auch dem *Aristoteles* gilt das Herz als Centralorgan des Lebens; in ihm finden sich alle Lebensäußerungen: Empfindung und Bewegung, vereinigt; darum entstehe es zuerst. Er vergleicht es mit einem Herde, wo das Lebensfeuer genährt wird, — wohlgeschützt wie in einer Burg. Die Verdauungsorgane liefern durch Kochung die Ernährungsflüssigkeit, die nach dem Herzen strömt, wo sie durch eingepflanzte Wärme in Blut verwandelt wird, das die materielle Grundlage für den Aufbau und die Erhaltung des Körpers abgibt.

Die Lebenswärme ist eine mitwirkende Bedingung (συν-αίτιον) für die Thätigkeit der Psyche. Sie darf indes ein bestimmtes Maß nicht übersteigen; sie muss durch Athmung abgekühlt werden; dies geschieht durch Luft bei Thieren, welche mit Lungen ausgestattet sind, die darum auch das Herz umgeben; bei Bewohnern des Wassers durch dessen Einathmen mittels Kiemen. Indem sich die Lebenswärme steigert, wird das Herz und die Brust ausgedehnt, und die Luft strömt in sie ein; erfolgt nun Abkühlung, so sinkt die Brust zusammen und die Luft entweicht.

Dem Hirn wird als Hauptaufgabe zugeschrieben, ein Gleichgewicht in die Lebensfunctionen zu bringen. Der Tod besteht im Erlöschen der Wärme (ή τοῦ θερμοῦ σβέσις oder ἔκλειψις) und tritt darum bei großen Blutverlusten ein. Aber auch ein Übermaß von Wärme bewirkt ihn. Der natürliche Tod ist eine Art Gährung (σῆψις).[11]

Das sind die Grundgedanken, die *Aristoteles*, gestützt auf eine überwältigende Menge von Thatsachen, in seinem groß angelegten Systeme bis in die feinsten Einzelheiten mit einem Scharfsinn durchgebildet hat, der uns selbst da, wo der große Denker dem Irrthum verfällt, Bewunderung abnöthigt. Keine zweite Theorie vom Leben hat einen so mächtigen und andauernden Einfluss geübt. Konnte sich doch ihrem Zauber ein geistvoller Naturforscher unseres Jahrhunderts, Karl Ernst *v. Baer*, nicht entziehen.[18]

In den Jahrhunderten nach *Aristoteles* hat die Lehre vom Leben keine Förderung gefunden, denn die alexandrinischen Ärzte waren fast ausschließlich der praktischen Richtung zugethan; die »Empiriker« trugen sogar eine gewisse Geringschätzung jeder Theorie zur Schau. »Man wird nicht Landmann oder Steuermann durch Disputationen, sondern durch Übung.« Einer der selbständigsten Ärzte des zweiten nachchristlichen Jahrhunderts, *Aretaios* von Kappadokien, dessen Krankheitsbilder hippokratische Beobachtungsgabe verrathen, nimmt feste, flüssige und luftförmige (πνεῦμα) Stoffe als constituierende Bestandtheile der lebenden Wesen an. Unter »Physis« fasst er die organisierenden Kräfte: die Seele, die Lebenskraft (ζωτικὴ δύναμις) und die eingepflanzte Wärme an, die alle im Herzen ihren Sitz haben. Das die Theile des Organismus zusammenhaltende Band heißt Tonus (τόνος). Die Änderungen, die von den spätgriechischen Ärzten an den aristotelischen Lehren vorgenommen worden, sind kaum Verbesserungen. Der bedeutendste unter ihnen, *Galen*, nimmt neben mehreren Arten von Pneuma noch anziehende, ausstoßende, absondernde Kräfte zu Hilfe. Durch weitere Annahme von Specialkräften verliert er sich ganz ins Absurde.

Vollends beruhen die Änderungen des Mittelalters auf groben Missverständnissen der aristotelischen Lehren. Während *Aristoteles* die Psyche als ein und dasselbe Lebensprincip (ἀρχή) dachte, das sich nur in der Stufenreihe der organischen Wesen verfeinert, steigert, — machten die Scholastiker, die sich gegen die lebende Natur mit Verachtung abschlossen, daraus drei selbstständige Seelen. Die anima vegetativa, sensitiva und rationalis sollten im Menschen vereint sein, während dem Thiere die beiden ersten, der Pflanze nur die anima vegetativa zukommen sollte.

Neue Gesichtspunkte für die Erklärung des Lebens werden erst im sechzehnten und siebzehnten Jahrhunderte durch den Aufschwung gewonnen, den die mechanischen Wissenschaften durch *Galilei,* die Chemie durch *Boyle* erfahren.

Paracelsus, dessen Ansichten vom Wesen des Lebens an Klarheit und Tiefe weit denen der antiken Denker nachstehen, hat das Verdienst, dass er die vitalen Vorgänge als chemische auffasste. Der Körper besteht nach ihm aus ganz verbrennlichem Stoff (sulphur), aus unvollständig verbrennlichen (mercurius) und aus feuerbeständigen Stoffen (sal). Das belebende Princip »Archaeus« wird von ihm in seiner grotesken Bildersprache bald mit einem Schmied, bald mit einem Hüttenmeister, der die Erze schmilzt und das Gold sondert, verglichen oder auch der Alchymist genannt, der im Magen sein Wesen treibt. An *Paracelsus* lehnte sich *van Helmont,* der zuerst mit klar ausgesprochener Absicht darauf ausgeht, die Wurzeln des Lebens zu erforschen (de vitae radice agam). Er hat zuerst erkannt, dass die Wärme nicht die U r s a c h e des Lebens ist, sondern das P r o d u c t der Lebensvorgänge.

Anderseits gab die große Entdeckung des Kreislaufes durch *Harvey* Hoffnung, auch die übrigen Vorgänge des lebenden Körpers als physische, vornehmlich als hydraulische Erscheinungen deuten zu können. *Leibniz,* der selbst ein tüchtiger Mechaniker war, — er hat der erste den Satz aufgestellt, dass die Summe der Kräfte in der Natur unveränderlich ist, — bekämpfte die einseitige Auffassung, dass der Körper eine bloße hydraulisch-pneumatische Maschine sei, und wies auf die Bedeutung der chemischen Processe hin.

Noch war aber die Zeit für die mechanistische Bearbeitung des schwierigen Problems nicht gekommen. *Stahls* Animismus lenkte die Geister in andere Bahnen. Er, der durch die Aufstellung eines die damals bekannten Thatsachen zusammenfassenden, obwohl — wie wir heut wissen — irrigen Systems sich um die Chemie unzweifelhafte Verdienste erworben hat, lehnt es ab, die Lebensvorgänge aus chemischen Processen zu erklären. Als Ursache, warum der lebende Körper der Fäulnis verfällt, nimmt er eine »anima inscia« an — eine Verquickung der bildenden und denkenden Seele der Scholastiker. Da er aber nur dem Menschen eine Seele zuspricht, so lässt er das Lebensprincip der Thiere und Pflanzen unerklärt.

Den Zwiespalt zwischen materialistischer und dynamistischer Betrachtungsweise zu vermitteln, sollte die Aufstellung eines höheren Princips, der »Lebenskraft«, dienen. Dieser Vitalismus gelangte zuerst in der Schule von Montpellier durch seine beiden bedeutendsten Vertreter *Théophile de Bordeu* und *Paul J. Bartes* zur Blüte. Der erstere wurde vor allem dahin gedrängt, weil es ihm nicht gelingen wollte die Secretionsvorgänge der Drüsen aus ihrem anatomischen Bau, aus ihren chemischen und mechanischen Vorgängen zu erklären. Er nahm darum an, dass die Drüsen, vom Blute erregt, diesem durch vitale Anziehung die nöthigen Stoffe entnehmen und sie zu Secreten verarbeiten.

Das Studium eines andern Gebietes animaler Lebensäußerung: das der Muskelcontraction, unterstützte diese Auffassung. Die letzte Ursache thierischer Bewegung beschäftigte schon seit *Aristoteles* die Aufmerksamkeit der Forscher. Im 16. Jahrhundert lehrte *Melanchthons* Schwiegersohn *Peucer,* Professor der Medicin in Wittenberg, die Fähigkeit des Muskels, sich zusammenzuziehen, sei eine ihm »innewohnende Eigenschaft«, die durch den Reiz der Lebensgeister[14] erregt wird, welche in den Nerven dem Muskel zuströmen. Aber erst gemäß den Untersuchungen des großen Physiologen und Polyhistors *Haller,* mit denen eine neue Ära der Biologie begann, schien die Sensibilität als die Eigenschaft der Nerven und die Irritabilität als die der Muskeln experimentell erwiesen.[15]

Stahls Animismus und *Hallers* Lehre von der Reizbarkeit dienten den vitalistischen Theorien, wie sie im 16. Jahrhundert in Deutschland sich entwickelten, zu Ausgangspunkten. Als die geistvollsten Vertreter mögen wohl *Blumenbach* und *Reil* gelten. *Blumenbach*, der Begründer der wissenschaftlichen Anthropologie, nahm einen dem lebenden Körper zukommenden ›Bildungstrieb‹ (nisus formativus) an, d. i. die Eigenschaft des Körpers, sich nach einem immanenten Plane zu entwickeln und zu erhalten, und bei Störungen sich, nach ihrer Überwindung, wieder herzustellen. Sein genialer Zeitgenosse, *J. Ch. Reil*, der die umfassendsten Kenntnisse aller theoretischen und praktischen Gebiete der Medicin besaß, legte seine Ansichten in einer berühmten Schrift über die Lebenskraft nieder. Nach ihm beruhen alle Lebenserscheinungen auf der Verschiedenheit der thierischen Grundstoffe und deren Mischung. Er bekämpfte *Galvani's* Hypothese, dass die ›Lebensflüssigkeit‹, welche im Hirn gebildet werde und durch die Nervenröhren abfließe, es sei, die durch die Metall-Leitung nach dem Muskel strömend, diesen zum Zucken bringe.[16]

Das hohe Ansehen des großen Nervenphysiologen und seines Anhängers *Hufeland* verhalfen dem Vitalismus zu voller Herrschaft.

Der ersten selbständigen Abhandlung über das Theorem der ›Lebenskraft‹ von dem Mannheimer Arzte *Medicus* (1774) ist eine Flut von Schriften gefolgt. Ihre Lectüre ist

> ›... unerquicklich wie der Nebelwind,
> der herbstlich durch die dürren Blätter säuselt.‹

Die Erscheinungen am lebenden Organismus sollten durch eine besondere Kraft — die Lebenskraft — erklärt werden. Sie sollte zugleich die Elemente umwandeln, und den chemischen Kräften entgegenwirken. *Boyle*, der Begründer der wissenschaftlichen Chemie, glaubte z. B. aus seinen Versuchen schließen zu dürfen, dass die Lebenskraft aus Wasser und Luft organische Substanz erzeuge. Trieb doch ein Weidenstäbchen, in gewöhnliches Wasser gestellt, Blätter.[17] Sobald die Lebenskraft den Organismus verlässt, treten die chemischen Affinitäten in ihre Rechte. »Der Fesseln entbunden folgen die Elemente wild ihren geselligen Trieben. Der Tag des Todes wird ihnen ein bräutlicher Tag chemisch verwandter Vermählung« — wie sich *A. v. Humboldt* in der anmuthig geschriebenen symbolisierenden Erzählung »Der rhodische Genius« ausdrückt.

Die Bestätigung dafür glaubte man in dem verschiedenen Verhalten des lebenden und des todten Organismus erblicken zu zu dürfen. Der lebende Körper bewahre, unabhängig von der Temperatur des umgebenden Mittels, seine Eigenwärme, der todte nehme die Temperatur der Umgebung an; so lange der Mensch lebt, werde die Magenwand von der Verdauungsflüssigkeit nicht angegriffen, in der Leiche wies *John Hunter* die Selbstverdauung des Magens nach; das lebende Samenkorn vermodere, in die Erde gelegt, nicht; das lebende Ei verfalle in der Brutwärme nicht der Verwesung.

Man könnte meinen, die Fortschritte in der Chemie hätten diese Hypothese stürzen müssen. Bei genauerer Erwägung aber sieht man leicht ein, dass sie gerade erst bei einem gewissen Maße chemischer Kenntnisse die zu Beginn unreres Jahrhundertes geltende Formulierung erhalten konnte. Man lernte nämlich eine größere Zahl von Verbindungen des Pflanzen- und Thierkörpers kennen, ohne eine einzige davon im Laboratorium darstellen zu können. Man glaubte umsomehr sie als Producte der Lebenskraft ansehen zu dürfen, als man sie in der leblosen Natur nicht fand.

Da man damals die Kräfte als Ursachen der Erscheinungen definierte, so musste dieser Irrthum, consequent durchgeführt, zu einer der beiden Annahmen führen: entweder »dass die

Kraft mit irgend einem Stoffe identificiert wird, dessen ganze Eigenschaft darin besteht, diese Kraft zu besitzen, oder, dass die Kräfte als eigenthümlich seiende Wesen betrachtet werden, die nichts weiter voraussetzen, sondern ebenso gut für sich existieren wie die Dinge« (*Lotze*). In den ersten Irrthum verfiel der bedeutende Biologe *Treviranus*, der die Lebenskraft für einen einheitlichen »Lebensstoff« hielt — eine Auffassung, die übrigens noch heut Anhänger hat;[18] in den zweiten der berühmte Arzt *Autenrieth*, der zu der Consequenz gedrängt ward, dass beim Erfrieren eines Gliedes die Lebenskraft es verlasse und beim Erwärmen von außen wieder hereinwandere; freilich ohne sich Rechenschaft zu geben, wo sie denn mittlerweile sich aufhielt.

Obgleich man der Lehre von der Lebenskraft nicht einmal das zweifelhafte Lob schlechter Hypothesen, dass sie wenigstens heuristischen Wert habe, nachsagen kann, da sie jede unbequeme Frage nur beseitigen sollte, so behielt sie doch bis in die Mitte unseres Jahrhundertes unter sehr geistvollen Männern[19] ihre Anhänger. Einer der größten Physiologen, *Johannes Müller*, blieb nicht allein der Ansicht von der Planmäßigkeit der Schöpfung bis an sein Lebensende treu, sondern auch der vitalistischen Lehre. Die beiden größten Chemiker unseres Jahrhunderts, *Berzelius* und *Liebig*, waren anfänglich Vitalisten. Besonders dieser verfocht mit der ihm eigenen Heftigkeit die Existenz der Lebenskraft; nicht einmal die große Entdeckung seines Freundes *Wöhler:* die Synthese des Harnstoffs, konnte ihn wankend machen. *Berzelius* äußert noch im Jahre 1856 über die organischen Verbindungen: »Es mischen sich hier die geheimnisvollen, unbekannten, der theoretischen Speculation Trotz bietenden Wirkungen des Lebens ein.«[20] Erst später ließen beide Forscher die Hypothese des Vitalismus fallen. Am frühesten scheint sich *A. v. Humboldt* von dem Irrthum frei gemacht zu haben; denn schon zwei Jahre nach dem Erscheinen des ›Rhodischen Genius‹ (1797) ist sein Glaube an eine besondere Lebenskraft tief erschüttert.

Wenn man von dieser Hypothese sich abwandte, so geschah es nicht sowohl darum, weil man die Lebensvorgänge aus den bekannten physikalisch-chemischen Kräften hätte erklären können, als vielmehr, weil eine Kraft, die sich der Rechnung entzieht, die mit den andern Energieformen in keinen einfachen Zusammenhang gebracht werden kann, und dabei überdies A l l e s erklären sollte, als eine wertlose Annahme erscheinen musste.

Neben den nun rasch hinwelkenden vitalistischen Lehrmeinungen entwickelte sich in der zweiten Hälfte unseres scheidenden Jahrhunderts eine andere Theorie des Lebens: die physikalisch-chemische. Sie war zugleich die Reaction gegen die verhängnisvolle naturphilosophische Richtung *Okens* und die metaphysischen Systeme *Schellings* und *Hegels* — verhängnisvoll auch für die Naturforschung, weil um ihretwillen bei deren jüngeren Vertretern sich eine wahrhaft abergläubische Scheu vor jeder Philosophie entwickelt hat.[81]

Schon *Des Cartes* versuchte die Ernährungsvorgänge in einer einfachen, grobphysikalischen Weise zu erklären: Die Gefäße sollten, wie feine Siebe, die Nahrungssäfte in geeigneter Weise durchtreten lassen. Eine verfeinerte, aber im Wesen nicht davon verschiedene Vorstellung gelangte vor wenigen Decennien zur Geltung. Man glaubte damals dem Verständnisse der Lebenserscheinungen, namentlich des Athmungsvorganges, der Secretionsthätigkeit der Drüsen, der Resorption der Nahrungsmittel, viel näher zu sein, als man heut anzunehmen geneigt ist, indem man die einfacheren Erscheinungen des Gaswechsels, der Filtration, der Osmose, zur Erklärung heranzog. Heut erblickt man in jenen Vorgängen sehr complicierte vitale Leistungen. Die

rationalistische Ansicht von ihrer Einfachheit hatte so gut wie
einst die naturphilosophische, ihre Wurzeln zum Theil in einer
noch mangelhaften Kenntnis der Thatsachen, zum Theil aber
auch in dem Drange des menschlichen Geistes, die Fülle der
Erscheinungen auf einfache, leicht fassliche Verhältnisse zurück-
zuführen.

Eine günstigere Aussicht auf Erfolg bei der Bearbeitung
des Lebensproblems scheint der Chemie zu winken. Anfänglich
begegnete man diesen Bestrebungen mit Misstrauen. Man
glaubte darin das Wiederaufleben der abgethanen, iatrochemi-
schen Irrthümer zu erkennen; ja ängstliche Gemüther besorgten
durch die voreilige Ausbreitung solcher »chemisch-animalischer«
Vorstellungen in der Medicin eine Gefährdung des menschlichen Lebens.

Auch hier eilte *Humboldts* scharfer Geist seiner Zeit
voraus. In einem Briefe an seinen Freund *Freiesleben* spricht
er die Hoffnung aus, es werde ihm gelingen, durch seine
chemischen Versuche über den »Nerven- und Muskelreiz« eine
neue Wissenschaft, die »vitale Chemie« zu begründen.[21] Wenn
ihm dies auch nicht beschieden war, so hatte er doch die
Freude, seine Hoffnung insofern verwirklicht zu sehen, als er
das Aufblühen der neuen Wissenschaft erlebte. Ja er hat durch
die persönliche Förderung jenes Mannes, der sie begründen
sollte, — durch die Förderung *Justus v. Liebigs* zu ihrer
Entwickelung mittelbar beigetragen.

Liebig hat seine schöpferischen Ideen in den beiden classi-
schen Werken: »Chemie in ihrer Anwendung auf Agricultur und
Physiologie« und in der »Thierchemie« niedergelegt. Auf der von
ihm eröffneten Bahn fortschreitend, haben Andere in zahlreichen,
zum Theil höchst mühevollen und zeitraubenden Arbeiten den
Ausbau der B i o c h e m i e , d. i. der Lehre von den chemischen
Vorgängen im Pflanzen- und Thierkörper, erheblich gefördert.

In physiologischen Instituten und landwirtschaftlichen Versuchsstationen, auf medicinischen Kliniken, in medicinisch-chemischen, in pharmakologischen und hygienischen Anstalten, in zoologischen und botanischen Stationen sucht man durch Anwendung chemischer Methoden dem Räthsel des Lebens beizukommen.

Ich muss der Versuchung widerstehen, in einseitiger Bevorzugung des mir vertrauten Gebietes auf diese Fortschritte näher einzugehen. Es sei mir nur erlaubt, einige der festgestellten allgemeinsten Wahrheiten flüchtig zu berühren und auf die Schwierigkeiten, denen die chemische Forschung begegnet, hinzuweisen.

Die Chemie hat den Beweis erbracht, dass die Lebewesen aus keinen anderen Elementen sich aufbauen, als die sind, welche sich auch in der leblosen Natur vorfinden; dass die Organismen aus ihr diese Stoffe beziehen, und dass sie durch Lebenskraft keine neuen erzeugen können; dass endlich in beiden Fällen die Verbindungen nach denselben Gesetzen erfolgen. Die Darstellung, wie diese Elemente durch die Organismen wandern, bildet die Lehre vom Kreislauf der Stoffe, vom Stoffwechsel. Heute weiß man, dass von den etwa 70 bekannten Elementen nur 12 bis 14 das Baumateriale für die organische Welt liefern, und von diesen der Kohlen- und Wasserstoff, der Sauerstoff und Stickstoff die Hauptmasse ausmachen. Der Kohlenstoff bildet in Folge seiner Eigenschaft der sogenannten kettenförmigen Anlagerung eine schier unendliche Mannigfaltigkeit von Verbindungen zum Theil sehr complicierter Art. Wenn 12 Atome Kohlenstoff mit 26 Atomen Wasserstoff eine gesättigte Verbindung eingehen, so sind 355 verschiedene Kohlenwasserstoffe möglich; bei einem wenig geänderten Atomverhältnis (14 : 30) steigt die Zahl der gewöhnlichen Verbindungen[38] schon auf 1855. Die Zahl der möglichen Isomerien muss aber ganz beträchtlich wachsen, wenn, wie beim Eiweiß,

5 Elemente und noch dazu in beträchtlich größerer Atom-Anzahl
verbunden sind. So enthält z. B. das Eiweiß unseres rothen
Blutfarbstoffes mindestens 2300 Atome im Molecül verbunden.
Noch complicierter ist das Verhältnis in den so wichtigen
Nucleo-Albuminen.[14]

Außerdem zeigen zahlreiche Verbindungen bei gleichem
chemischen Baue des Molecüls verschiedene optische[15] Eigenschaften — Unterschiede, die biologisch wichtig sind, wie das
Verhalten der invertierenden Fermente gegen verschiedene
Zuckerarten und die elective Thätigkeit mancher Pilze gegen
optisch verschiedene, chemisch gleich gebaute Körper beweist.[16]

Wenn auch die theoretisch möglichen Eiweißkörper bei
weitem nicht alle in den Pflanzen- und Thierkörpern wirklich
vorhanden sind (wie man ja auch von den zahlreichen möglichen
und zum Theil synthetisch dargestellten Zuckerarten nur wenige
in den Organismen vorgefunden hat), so muss doch ihre Zahl
sehr beträchtlich sein. Das aus diesem Materiale sich auf-
bauende Protoplasma zeigt dem entsprechend auch die größte
Verschiedenheit in seinem Verhalten gegen chemische Einflüsse.
Die Raupe des Wolfsmilchschwärmers nährt sich von den, einen
blasenziehenden Saft enthaltenden Euphorbiaceen; die Raupe
der Deiopeia pulchella, die bei uns das Vergissmeinnicht zur
Nahrung wählt, lebt (nach *T. R. Fraser*) in Afrika auf der
Calabarbohne, ohne dass sie durch das Physostigmin der Pflanze
Schaden leidet, während zwei Milligramm dieses Giftes ein
Kaninchen in sechs Minuten tödten; australische Calandra-
arten verzehren ungeschädigt Strychnin, und ein kleiner Rüssel-
käfer: Anthonomus druparum, scheint Blausäure recht
gut zu vertragen, denn er lebt in Weichselkernen.

Neben der Compliciertheit des Baues kommt den organischen Verbindungen bei einer gewissen Trägheit der Umwand-
lungen doch eine große Labilität zu. Gerade von dieser letzteren

Eigenschaft ist aber das Leben abhängig. In einer Reihe wichtiger Abhandlungen, welche zuerst die Bedeutung des zweiten Hauptsatzes der mechanischen Wärmelehre für die chemischen Processe darthun, hat College Prof. *Pfaundler* einmal den Gedanken entwickelt, dass die Verbindungen, in einer Art Kampf um's Dasein, durch ihre Flüchtigkeit den Angriffen der übrigen entfliehen oder in Krystallform sich »gegen deren Angriffe zu verschanzen vermögen«. Man könnte auch sagen: die Elemente sind bestrebt, sich aus dem labilen Zustande ihrer Verbindungen in einen stabilen zu retten.[87]

Daran anknüpfend, sei mir ein Vergleich erlaubt. Wie das Strömen des Wassers davon abhängt, dass es dem tiefsten Punkte zustrebt, wo es zur Ruhe gelangt; so hängt das Leben ab von jenem Zuge der Elemente, womit sie suchen, in möglichst stabilen Verbindungen zur Ruhe zu gelangen. Das Leben — so sonderbar es klingt — ist ein beständiges Sterben. Sollten die Elemente diesen Gleichgewichtszustand, dem sie zustreben, auf unserer Erde einmal erreichen, so ist die Bedingung des Lebens entschwunden und dauernde Ruhe des Todes ist auf ihr eingezogen.

Wie aber wird in der Natur der leblose Stoff in die mannigfachen organischen Verbindungen übergeführt? Die Lebensquelle für die Pflanzen ist das Sonnenlicht. Seine Energie zaubert aus dem anorganischen Materiale durch Reductionsprocesse die artenreichen Formen hervor, welche die starre Erdoberfläche mit ihrer anmuthigen Decke überziehen. Die Pflanze hinwider ist die Lebensbedingung für das Thier, denn sie liefert ihm die in ihr aufgespeicherten, durch Umwandlung der Sonnenstrahlen erzeugten chemischen Spannkräfte, ohne die es nicht leben könnte. Der »struggle of life« der Lebewesen ist im physikalisch-chemischen Sinne nach *Boltzmanns* Ausdruck ein Kampf um die Entropie.

Die Schwierigkeiten, die sich der Anwendung chemischer Methoden bei der Erforschung der Lebensäußerungen entgegenstellen, beruhen nicht allein auf der ungenügenden Kenntnis des chemischen Baues der Proteïnstoffe und auf unserer vollen Unkenntnis des Unterschiedes zwischen Eiweißkörpern und lebendem Protoplasma — die Schwierigkeit liegt noch nach einer anderen Richtung. In der Zelle hat man die morphologischen Elemente der pflanzlichen und thierischen Gewebe erkannt. »Das Leben«, sagt *Virchow*,[16] der Begründer der Cellular-Biologie, »ist die Thätigkeit der Zelle.« Seither hat die Forschung ergeben, dass der Kern der organisierende, formbildende Antheil der Zelle ist. Damit ist aber die Deutung der Lebensvorgänge als chemischer Processe auf ein Gebiet verwiesen, wo die Forschung wegen der Kleinheit der Objecte und der Schwierigkeit, sie unverändert zu isolieren, ganz unglaublich großen — in zaghafter Stimmung möchte man sagen: unüberwindlichen — Hindernissen begegnet. Und doch wäre es die Aufgabe der Biochemie, die chemischen Vorgänge zu erforschen, welche die Entstehung der Zelle, ihre Entwickelung, ihre Differenzierung, ihre stufenweise sich ändernden Lebensverrichtungen bedingen oder doch begleiten.

Wie weit reicht nun unsere Kenntnis dieses Chemismus? Man könnte die Zelle mit einer sehr complicierten Maschine vergleichen, an der man den Verbrauch zugeführter und die Ausgabe umgewandelter Energie allenfalls ziemlich gut kennt, ohne von ihrem inneren Getriebe die geringste Vorstellung zu haben. Leider reicht unsere jetzige Kenntnis nicht einmal so weit. Die Stoffwechselbilanzen und das Studium der Zerfall- und Auswurfstoffe des Körpers lehren uns nicht sowohl das Verhalten der einzelnen Maschinen, sondern (wenn ich den Vergleich weiter führen darf) den Betrieb einer ganzen großen, höchst verwickelten Fabriksanlage kennen. Die Stoffwechselbilanzen geben uns Aufschlüsse über die Intensität des Betriebes, die Auswurfstoffe gestatten uns, wie die Abfälle einer chemischen Fabrik, mehr oder minder sichere Schlüsse auf die in ihr entfaltete Art der Thätigkeit. Einen Schritt weiter führen die biochemischen Untersuchungen an überlebenden, oder im lebenden Thiere ausgeschalteten Organen oder Organtheilen, indem sie uns über die chemische Thätigkeit dieser belehren; aber auch hier meist nur über das Endresultat. — Wie die durch Verbrauch der Nahrungsmittel freiwerdende chemische Energie die biologischen Verrichtungen der einzelnen Gewebselemente unterhält, ist in tiefstes Dunkel gehüllt. Noch heute dürfte *Du Bois Reymond,* soweit es die Biochemie betrifft, nicht ganz Unrecht haben, wenn er sagt: »Ist nicht in der That die ganze Chemie trotz dem gerühmten Verständnis in derselben noch immer nichts Besseres, als gleichsam eine doppelte Buchführung mit den Stoffen, wo Soll und Haben einander heben müssen, damit der Kaufmann seine Rechnung findet?«[99]

Wird aber die Chemie überhaupt das Räthsel des Lebens je ohne Rest lösen können?

Seit *Wöhlers* epochemachender Synthese des Carbamids sind zahlreiche, sehr complicierte Körper, darunter in jüngster Zeit Zuckerarten, künstlich dargestellt worden. Trotz gegentheiliger Behauptungen wird es aber noch eine geraume Zeit dauern, bis der Bau auch nur e i n e s Stoffes aus der gliederreichen Gruppe der Eiweißkörper so weit enträthselt ist, dass man mit Aussicht auf Erfolg daran gehen kann, einen solchen aus einfacheren Verbindungen aufzubauen. Und wenn dieses Ziel erreicht ist, wenn die Bemühungen von einem Erfolg gekrönt sind, vor dem das *Malthus*'sche Gespenst zurückzuweichen scheint, dann wird man erst nur das Material haben, an dem sich das Leben offenbart. — Große Entdeckungen und Fortschritte treiben leicht die Hoffnung über das erreichbare Ziel hinaus. In der berechtigten Genugthuung über die gelungenen Synthesen, in

der Hoffnung, dass einst alle organische Materie wird künstlich
dargestellt werden, übersah man anfänglich den Unterschied
organischer und anorganischer Materie. Zwischen dem Eiweiß,
das man in Händen hat, und dem lebenbeseelten Protoplasma
liegt eine Kleinigkeit — das Leben! Von den »organisierenden
Kräften« wissen wir gar nichts. Wer heut im Ernst glauben
könnte, dass in absehbarer Zeit — und wir können ruhig
Jahrtausende in Sicht nehmen — es gelingen werde, die einfachste Zelle aus den chemischen Bestandtheilen zu erschaffen,
dem gilt Mephistos sarkastisches Wort:

> Wer lange lebt, hat viel erfahren,
> Nichts Neues kann für ihn auf dieser Welt geschehn;
> Ich habe schon in meinen Wanderjahren
> Krystallisiertes Menschenvolk gesehn.

✿   ✿   ✿

Zwei Anschauungsweisen des Lebens stehen seit *Demo-
kritos* und *Aristoteles* sich befehdend einander gegenüber: die
mechanistische und die teleologische. Die Anhänger der zweiten
führen eine Reihe von Thatsachen an, die ohne den Zweck-
mäßigkeitsbegriff unverständlich seien. Wenn die Milch der
Mutter dem im Laufe der Entwickelung sich ändernden Bedürfnisse des wachsenden Jungen entsprechend ihre Zusammen-
setzung ändert, wenn (um ein Beispiel aus dem Pflanzenleben
zu wählen) an der jungen Kartoffelstaude, nachdem man sie
hart am Boden abgeschnitten, die fadenförmigen Ausläufer, an
denen sonst die Knollen sich entwickeln, nach oben wachsen
und durch Entwickelung von Laubsprossen das Fortleben der
Pflanze ermöglichen, so lasse sich dies doch nicht einfach mecha-
nistisch, aus der zufälligen Concurrenz von Atomen, aus dem
blinden Walten sinnloser Kräfte verstehen. Selbst wenn man
den lebenden Organismus als »natürlich entstandene Maschine«

ansehe, werde doch jeder Mechaniker ihre Wirkungen nach Zweckbetrachtungen zergliedern. In jeder Maschine sei ein Gedanke verkörpert; die Kurbeln, Stangen und Schrauben hätten sich von selbst nie zu einer functionellen Einheit zusammengefunden.

Diesen Gründen begegnen die Anhänger der mechanistischen Richtung mit dem Einwande, dass wir nur von solchen Gebilden Kenntnis haben können, die aus dem Zusammenwirken der Kräfte entstehen, also zweckmäßig erscheinen müssen; während andere Combinationen der Materie überhaupt nicht existenzfähig sind und daher nie zu unserer Beobachtung gelangen können.

Wenn auch nicht geleugnet werden soll, dass die teleologische Betrachtungsweise Gefahr läuft, in kleinliche Deutung der Erscheinungen zu verfallen (wie dies *Darwin* selbst bei der Erklärung der Farbenmimicry widerfährt); wenn man gleich gestehen muss, dass der Zweck immer nur errathen werden mag, so muss doch auch zugegeben werden, dass diese Anschauungsweise der Forschung sehr dienlich sein kann.[80] Man würde schwerlich z. B. den Bau des Auges so genau verstehen, wenn man von seinem Zwecke nichts wüsste. Nur kann die Teleologie nie zur Erklärung dienen; denn der Zweck kann nie Ursache sein; erklären aber heißt, die Erscheinungen in causalen Zusammenhang bringen. Wenn auch die Lebenserscheinungen auf ein Ziel weisen, dem der Organismus zustrebt (*Baers* »Zielstrebigkeit«), so ist damit die Forschung der Aufgabe nicht überhoben, zu zeigen, durch welche causal verknüpften Erscheinungen er zu diesem Ziele gelangt.

Manche Anhänger *Darwins* meinten, die teleologische Betrachtungsweise sei überflüssig, weil die zweckmäßige Beschaffenheit eines Organismus sich als Folge seiner Anpassungsfähigkeit erkläre. Sie übersehen, dass vielmehr die Anpassungsfähigkeit gerade eine zweckmäßige Eigenschaft der Organismen ist.

Der Streit, welche der beiden Ansichten Berechtigung hat, ist müßig. Nachdem *Kant* im II. Theile seiner »Kritik der Urtheilskraft« die scheinbare Antinomie der beiden Betrachtungsweisen geprüft hat, zeigt er, dass es in der Natur unseres discursiven Erkenntnisvermögens liegt, die mechanistische und teleologische Auffassung nicht zur Einheit bringen zu können, und dass wir beide Principien neben einander brauchen müssen. Der Forscher wird aber im Auge behalten, dass er »alle Producte und Ereignisse der Natur, selbst die zweckmäßigsten, so weit mechanisch zu erklären hat, als es immer in unserem Vermögen ... steht.« Andererseits werden wir die Organismen und Lebensvorgänge bei unserer Betrachtung »der wesentlichen Beschaffenheit unserer Vernunft gemäß, jener mechanischen Ursachen ungeachtet, doch zuletzt der Causalität nach Zwecken unterordnen müssen.« Man sollte sich dabei aber bewusst bleiben, dass die teleologische Naturbetrachtung »nur ein subjectives Princip der Reflection ist, nicht aber ein objectives Erklärungsprincip, wie die mechanische Causalität.«[31]

In innigem Zusammenhange mit der teleologischen Betrachtungsweise steht der »Neovitalismus« unserer Tage, als dessen Begründer man wohl *Virchow* ansehen darf.[32] Der Neovitalismus erkennt die Herrschaft der bekannten physikalisch-chemischen Kräfte auch im lebenden Organismus an; dadurch unterscheidet er sich von der alten vitalistischen Lehre. Er leugnet aber die Berechtigung des erschlichenen Dogmas: man müsse aus ihnen allein das Leben begreifen können. Man beruft sich heute nicht mehr auf eine besondere Lebenskraft, welche die Darmepithelien vor der Fäulnis, das Blut vor der Gerinnung im lebenden Körper schützen soll; aber auch Anhänger der mechanistischen Schule helfen sich mit der Wendung,

diese Erscheinungen hiengen von »unerklärlichen Lebenseigen-
schaften« der Gewebe ab.[33]

Man wirft dem Neovitalismus vor, dass durch ihn ein
mystisches, ein metaphysisches Element in die Forschung ein-
geführt werde. Man übersicht, dass der gleiche Vorwurf die uns
geläufigen physikalischen Vorstellungen ebenso gut treffen mag.
Haftet der »potentiellen« Energie nichts Mystisches an? Hat das
Streben jeder Energieform, vom Orte des höheren Potentials
nach dem des niedrigeren sich zu bewegen — hat das Bestreben
der hochwertigen Energie in minderwertige zu übergehn (Ent-
artung der Energie), nichts Geheimnisvolles? — Wenn aber die
Anhänger der rein mechanistischen Betrachtungsweise meinen,
sie stünden auf dem festen Boden bloßer Empirie, so ist dies
eine bedauerliche Selbsttäuschung. Die materialistische Auffassung ist (so sehr sich ihre Anhänger dagegen sträuben mögen)
genau so Metaphysik, wie die teleologische. Denn Materie,
Kräfte und Gesetze sind Abstractionen, die sich bei der Betrachtung der Erscheinungen in unserem Denken vollziehn.[34]
Aber selbst wenn man der Materie eine transcendentale Realität
zuerkennt, so bleibt auch dem Materialisten ihr Wesen unbe-
greifbar. Was aber die in ihr waltenden Kräfte anbelangt, so
hat schon *Henle* in geistvoller Weise entwickelt, dass von
dem Begriffe der »Kraft« die Richtung auf ein bestimmtes Ziel,
auf etwas zu Erstrebendes unzertrennbar ist; somit jede Erklärung, welche hypothetische Kräfte zu Hilfe nimmt, im Grunde
teleologisch ist.

Die größte Schwierigkeit für die atomistisch-mechanistische
Erklärungsweise bildet, was wir als vornehmste Blüte des Lebens
ansehn dürfen — dessen psychischer Antheil: das Bewusstsein.[35]
Dass die seelischen Verrichtungen an das Hirn gebunden sind,
ist gewiss. Das Schwinden des Bewusstseins bei mangelhafter
Versorgung des Hirns mit Blut, bei Vergiftungen, bei heftigen

Erschütterungen. die Alienation des Denkens bei dessen ernstern materiellen Veränderungen lassen keinen Zweifel darüber bestehen. Es ist nur misslich, dass wir zwar über die psychischen Vorgänge, soweit sie den Inhalt unseres Bewusstseins ausmachen, eine recht genaue Kenntnis haben, aber so gut wie gar keine über die materiellen Vorgänge, die den Denkprocess begleiten.[36] Es lässt sich nicht einmal erweisen, dass die psychischen Acte dem Gesetze der Erhaltung der Energie unterliegen. Für die Intensität der Gedankenarbeit haben wir kein Maß. Was soll über den Grad der Intensität entscheiden? Das Gefühl der Ermüdung? Der Wert, den wir dem Producte beilegen? Das wären sehr willkürliche und schwankende Maße. Ist die Schöpfung der ›Eroica‹ *Beethovens*, ist die dichterische Erzeugung von ›Hermann und Dorothea‹ oder die Aufstellung der *Kepler*'schen Gesetze eine größere Hirnleistung im Sinne von Kilogramm-Metern oder Cubik-Centimetern zersetzten Wassers oder sonst einer in die Energiegleichung einstellbaren Größe? Ebenso incommensurabel ist die Intensität des Willens: von dem leisesten aufsteigenden Wunsche bis zum unbeugsamen Starrsinn. — Seit der Begründung der ›Psychophysik‹ durch *Fechner* ist das Gebiet der seelischen Erscheinungen, das bishin ausschließlich dem Bereiche der speculativen Philosophie angehörte, der naturwissenschaftlichen Durchforschung gewonnen worden. Durch Anwendung experimenteller Methoden sind schon jetzt in dieser Richtung wichtige functionelle Gesetze ermittelt. z. B. das Gesetz des logarithmischen Verhältnisses der Empfindungen zu den Reizen.[37]

Eine besondere Schwierigkeit erwächst der mechanistischen Anschauung durch die Aufgabe, das Bewusstsein aus der Bewegung der Atome zu erklären. Um ihr auszuweichen, nehmen — nicht etwa Phantasten — sondern Männer. wie *Tyndall. Lotze, Nägeli. Häckel* die Atome als mit jener Fähigkeit ausgestattet an, die wir bei den höheren thierischen Organismen und dem Menschen Beseelung nennen. »Die Materie irgend einer Lebensperiode«, sagt *Tyndall* »kann sich vollständig verändern, während das Bewusstsein unverändert fortbesteht. Der entweichende Sauerstoff scheint dem neu hinzukommenden sein Geheimnis zuzuflüstern, und während das Nicht-Ich sich verschiebt und ändert, bleibt das Ich unberührt.«[38]

Und doch ist die Annahme bewusster Atome keine Erklärung! Abgesehn davon, dass es nur ein Zurückschieben des Räthsels ist, kann eine Mehrheit verbundener Atome, wie *Kant* nachwies, nur eine äußere, collective, »niemals eine denkende Einheit ausmachen.«[39]

Darum rechnet auch *Du Bois-Reymond* das Bewusstsein zu seinen »Welträthseln«, die sich auf mechanistische (atomistische) Weise nicht lösen lassen. Meines Erachtens ist schon diese Forderung unberechtigt. Was wissen wir denn überhaupt von den Atomen? Ihre Annahme, die *Dalton* zur Erklärung der constanten und multiplen Verbindungsgewichte gemacht hat, erklärt auch heute nicht viel mehr. Bei vorurtheilsloser Erwägung muss man zu *W. Thomsons* Schluss gelangen, dass die Annahme der Atome keine Eigenschaften der Körper erklärt, die man nicht selbst vorher den Atomen beigelegt hat. In der That lassen sich die Eigenschaften einer neuen Verbindung nicht voraussagen, wenn man nicht die Eigenschaften einer analogen Verbindung bereits empirisch kennt. Die Hypothese gibt keinen Aufschluss, warum gewisse Elemente sich leicht, andere sehr schwer oder gar nicht mit einander verbinden, warum ihre Eigenschaften in den Verbindungen verschwinden, u. s. w. Darum haben auch so bedeutende Forscher, wie *Faraday* und *Humboldt* sich gegen die »Mythen der Atomistik« — wie sich letzterer ausdrückt — ziemlich skeptisch verhalten.[40] Selbst *Helmholtz* scheint am Abend seines Lebens

die discontinuierliche Structur der Materie nicht für zweifel-
los gehalten zu haben. Wenn man aber den Wert der Atomhypothese als Hilfsmittel der Forschung, als Approximation an
die Wahrheit noch so hoch anschlägt, so scheint es mir methodo-
logisch verkehrt, das einzige Sichere — unser Bewusstsein, —
aus Hypothetischem, Unsicherem erklären zu wollen.

Aus demselben Grunde, weshalb die alte Hypothese von
der Lebenskraft aufgegeben ward, wenden sich Männer wie
Rindfleisch, Bunge, Driesch, Borodin und andere heute von
der mechanistischen Anschauungsweise ab — sie hat bisher
nicht gehalten, was man von ihr in Hinsicht auf die Erklärung
der Lebenserscheinungen erwartete.[41] Der Verstand fühlt sich
um so weniger von den rein mechanistischen Erklärungs-
versuchen befriedigt, je mehr die Forschung in die Einzelheiten der Vorgänge des Wachsthums, der Ernährung und Fort-
pflanzung eindringt: er wird zu der andern Betrachtungsweise
hingezogen, die das Dasein der Theile aus dem als Ziel vor-
handenen Ganzen ableitet.

Bevor ich schließe, darf ich nicht unterlassen, der mächtigen
Förderung zu gedenken, welche die Biologie durch *Darwins*
Lebenswerk erfahren hat. Wie von einem erhöhten Aussichts-
punkte gesehen, breitet sich seit ihm, in große Gruppen ge-
gliedert, die sonst sinnverwirrende Mannigfaltigkeit der Lebensformen vor unseren Blicken aus. Sollte auch einst, wie es den
Anschein hat,[42] die uneingeschränkte Giltigkeit der Selections-
und Vererbungstheorie des genialen Britten, durch die er die
Entstehung der verschiedenen Formen zu erklären sucht, sich
als Irrthum erweisen — das Verdienst wird ihm ungeschmälert
bleiben, dass er die Zoologie und Botanik aus vorherrschend
descriptiven zu biologischen Wissenschaften erhoben, und dass
er den biologischen Wissenschaften neue, Erfolg verheißende
Bahnen gewiesen hat. Für die Biochemie erhält die Durch-

forschung der Stoffe, aus denen die Pflanzen und Thiere sich aufbauen, erhöhtes Interesse. Sie hat ihr Auftauchen und Verschwinden durch die genetische Stufenleiter der Lebewesen am Faden der Descendenzlehre zu verfolgen. Sie hat außerdem ihre chemische Verrichtung in vergleichender Weise zu erforschen.[43]

Ich habe versucht, in flüchtiger Darstellung die wichtigeren Wege zu bezeichnen, die seit zwei und einem halben Jahrtausend von den Forschern eingeschlagen worden sind, um eines der bedeutsamsten Räthsel zu lösen, die des Menschen Denken und Sinnen beschäftigen. Ich habe versucht, die Schwierigkeiten anzudeuten, die sich auf diesen Wegen der Forschung entgegenstellen. — Ich hätte noch des Umstandes erwähnen können, dass uns nur einige Seiten des Lebens zugekehrt sind, weil ihre Erscheinungsform durch die specifische Beschaffenheit unserer Sinnesorgane bedingt und beschränkt ist. Wenn uns noch andere Sinne verliehen wären,[44] so würden sie ebenso gut Material für ihre Function finden; das Leben würde uns ein anderes, vollständigeres Bild zeigen, und neue Energieformen würden zu unserer Kenntnis gelangen. Das Bild des Lebens, das wir haben, kann nur ein fragmentarisches sein.

Haben nun, wird Mancher vielleicht fragen, die Schwierigkeiten, die sich der Erforschung des Lebens entgegenstellen, hat die mit jedem vordringenden Schritte wachsende Zahl der Probleme nicht etwas Abschreckendes? Wirkt die Relativität der Wahrheit der uns erreichbaren Einsicht, der durch die Natur unseres Denkens und die Beschaffenheit unserer Sinnesorgane unüberwindliche Schranken gesetzt sind, nicht entmuthigend? — Die Überwindung jeder Schwierigkeit erzeugt Befriedigung, steigert den Arbeitsmuth und verfeinert die Mittel der Untersuchung. Die Unermesslichkeit des Gebietes hat vielmehr etwas Erhebendes, und die Einsicht in die Phänomenalität des Erforschbaren, die Erkenntnis, dass diese Erscheinungswelt der eigenste Antheil unseres Selbst ist, kann ihr an Interesse nichts rauben, ganz abgesehen davon, dass schon praktische Zwecke — obenan die Erhaltung des Menschenlebens — zur Forschung drängen würden. In der wehmüthigen Resignation endlich, den Bau nie gekrönt zu sehen, an dessen Aufführung man mitgearbeitet hat, liegt ein ethisches, ein veredelndes Moment der Wissenschaft. Sollte auch das Räthsel des Lebens unlösbar sein, so erfüllt schon das forschende Bemühen mit reinem Glück."

Mit geringer Änderung kann man einstimmen in die Worte eines unserer kühnsten Denker — in die Worte *Lessings*: Wenn Gott in seiner Rechten alle Wahrheit und in seiner Linken den einzigen, immer regen Trieb nach Wahrheit ... verschlossen hielte und spräche zu mir: Wähle! — ich fiele ihm mit Demuth in seine Linke und sagte: Vater, gib! die reine Wahrheit ist ja doch nur für dich allein!

Anmerkungen.

[1] *Cl. Bernard,* »Phénomènes de la vie«, I, 51. *Bichat.* »De la vie et de la mort«. Par. 1800. *Chevreul* sieht das Charakteristische der organischen Körper darin, dass sie sich entwickeln und fortpflanzen; *c'est là où se trouve pour nous le mystère de la vie, et non dans la nature des forces, auxquelles on peut rapporter immédiatement les phénomènes.* C. rend. de l'Acad. des Sciences, V, p. 175.

[2] *Virchow,* »Vier Reden über Leben und Kranksein«. S. 5 u. 56: »Obgleich aus demselben Stoff, aus Atomen gleicher Art gebaut, bildet das Organische eine in sich zusammenhängende Reihe von Erscheinungen, die ihrem Wesen nach abgelöst ist von der unorganischen Welt.« *Lotze* sagt in der noch heute sehr lesenswerten Einleitung »Über Leben und Lebenskraft« in *R. Wagners* »Handwörterbuch der Physiologie«, p. XXV: »Es ist nur der Hang eines verwerflichen Mysticismus, einen Namen da noch beizubehalten, wo das Bezeichnete ein ganz anderes ist.«

3 *Aristoteles,* »De generat. anim.«, III, 11, p. 761 u. 762. *Kant.* »Krit. d. Urtheilskraft«, § 79. Ed. Rosenkranz, IV, S. 314, Anm. Die Alten nahmen eine Entstehung von halbfertigen Thieren: Mäusen, Fröschen, Schlangen, aus Nilschlamm an. Aus dem Blute der beim Sclavenkriege in Sicilien Gefallenen sollen Heuschrecken entstanden sein. *Pythagoras* leugnete die Abiogenesis.

4 Osiris, nach späterer Ansicht das befruchtende Princip, die Ursache des Lebens. *Plut.,* »Isis et Osiris«, c. 33.

5 *Anaximenes'* Lehre: Ἡ ψυχὴ ἡ ἡμετέρα ἀὴρ οὖσα συνκρατεῖ ἡμᾶς bei *Plut. de Plac. Philos.,* I, 3. — *Diogenes'* von Apollonia Lehrmeinung s. *Ritter* und *Preller,* »Histor. philos. graec.«, Ed. 7, p. 174. Vgl. *Theophrast.* Sens., § 43 u. 44.

[6] Die Schrift περὶ καρδίης wäre nach *Petersens* Meinung in der Zeit nach *Aristoteles* abgefasst; dagegen *Teichmüller*, »Neue Studien zur Gesch. d. Begriffe«, Bd. III, S. 145 ff.

[7] Das Lebensprincip ist nach *Cartesius* die Seele, die im »Coronarium« (Zirbeldrüse) ihr besonderes Organ hat, durch das alle spiritus vitales passieren mussten. Sie strömten durch die Nerven den Muskeln zu, infolge der Contraction der harten Hirnhaut *(Pacchioni)*. Die »Spiritus vitales« bilden die Zwischenstufe zwischen »Pneuma« und »Lebenskraft«. S. auch Anm. 14.

[8] *Plutarch* lässt einen Platoniker sagen, wenn die Seele gegen den Körper die peinliche Anklage erheben würde, möchte dieser schwerlich freigesprochen werden.

[9] Οἵον ζωή τις οὖσα τοῖς φύσει συνεστῶσι πᾶσιν. Phys., VIII, 1. — Die Stelle im Text aus »De generat. anim.«, III, 11.

[10] Die niederen Entwicklungsstufen in den höheren eingeschlossen: »De coelo«, IV, 3. Allmählich fortschreitende Entwicklung: »De part. anim.«, IV., 5. »De anim. hist.«, VIII, c. 1. Die Definition des Lebens: »De anim.«, II, 1, § 3. Beziehung zwischen Seele und Leib: *Biese. Aristoteles.* II, p. 207. — Nach manchen Äußerungen könnte man die »Psyche« des *Aristoteles* mit der »Kraft« der Materialisten identificieren. Nur betonen diese die Materie, die ja ohne Kräfte undenkbar ist; während *Aristoteles* die Seele betont, deren sichtbare Form die Materie ist.

[11] Die niedrigste Stufe der Seele (θρεπτικὴ ψυχή): »De anim.«, II, 2, § 3. *Anaxagoras* nahm bei den Pflanzen nicht nur Leben, sondern auch Empfindung an. *Pseud.-Arist.* »De plant.«, I., 1, p. 815a, 15 = *Ritter*, l. c., p. 122. — Dagegen nach *Aristoteles:* Ὑπάρχει δὲ τοῖς μὲν φυτοῖς τὸ θρεπτικὸν μόνον, »De anim.«, II, 2. Das traumhafte Wesen der Pflanzenseele: »De gen. anim.«, V, 1, p. 779a, l. 3. — Die Ortsbewegung (nicht jedem Thier eigen): »De motu animal., c. 6. u. 8.

[12] Das Herz als Centralorgan: »De part. animal.«, IV, 5; III, 4; II, 10. *Plut.* vergleicht das Herz mit der Sonne. »De facie lun.« 15. — Ensteht zuerst: »De generat. anim.«, II, 6; »De juvent. et senect.«, c. 3. — Das Blut als Materiale für den Körper: Τὸ αἷμα . . . ἐστὶν ὕλη τοῖς σώμασι, »De generat. anim.«, III, 1. — Athmungsmechanismus: »De respir.«, c. 21. — Function des Hirns: »De part. anim.«, II., 7. — Wesen des Todes: »De respir.«, c. 17 u. 18; »De juvent. et senect., de vita et morte«, c. 6. — Tod durch Blutverlust: »De anim. hist.« III, 19; durch ungemäßigte Wärme: »De respir.«,

c. 18 u. 19. — Τὸ τέλος τῆς κατὰ φύσιν φθορᾶς πῆξίς ἐστιν, »Meteor.«, IV, c. 1 = p. 379a, l. 8. — Wenn die Seele den todten Körper verlässt, so zerfällt er: *Plut.*, »Alex. Magni fortuna«, II, c. 4. Zusammenstellung der Ansichten über den Sitz der Seele. *Plut.*, »De Plac. philos.«, IV, 5.

[13] *Baer* sagt: »Den Lebensprocess halten wir nicht für ein Resultat des organischen Baues, sondern für den Rhythmus . . ., nach dem der organische Körper sich aufbaut und umbaut« (»Reden«, I, pag. 280). Schöpfungsgedanken, die »ihre Verkörperung als ihren Leib aufbauen« (ibid., p. 281).

[14] Zwischen der aristotelisch-scholastischen Lehre der anima vegetativa und dem Begriff der Lebenskraft steht die Vorstellung der »Lebensgeister«, worunter man sich, wie es scheint, materielle Agentien dachte, durch die die Lebenserscheinungen erzeugt werden.

[15] Später erklärte *Brown* als einzigen Unterschied des lebenden vom leblosen Körper die Fähigkeit des erstern, durch Reize erregt zu werden (Excitabilität).

[16] *Galvani* meinte, obgleich er wiederholt betont, dass es sich um eine Hypothese handle, es werde durch seine Versuche gelingen, »die seit langem schon umsonst gesuchte Natur der Lebensgeister« zu deuten. Obwohl *Reil* in Abrede stellt, dass man von der Erscheinung des zuckenden Froschschenkels Aufschlüsse über die Lebenskraft der Muskeln zu erwarten habe (*Grens* Journ. f. Phys., 1792, VI, 413), behauptet er später doch, das Leben sei ein potenzierter galvanischer Process. (*Reil.* Arch. f. Physiol., 1796, Bd. I, p. 1.

[17] Man glaubte, die Pottasche werde durch Lebenskraft in den Pflanzen gebildet.

[18] *Rindfleisch.* »Medicin. Philosophie«, Festrede, p. 10. — *Girtanner* hielt den Sauerstoff für identisch mit Lebenskraft. — *Autenrieth.* »Ansichten über Natur und Seelenleben«.

[19] »Littré, Hippocrate«, VIII., p. 7: *Notre physique, tout savante qu'elle est, ne peut pas être l'explication de la vie.* Ebenso entschieden treten noch *Cruveilhier* und andere französische Ärzte für die Lehre von der Lebenskraft ein.

[20] *Berzelius.* »Lehrb. d. Chem.«, 5. Aufl., I. Bd. — Im IV. Bd desselben Werkes erklärt er dagegen, unter der Wirkung der Lebenskraft könnten nur »die eigenthümlichen, auf verschiedene Weise zusammenwirkenden Umstände« verstanden werden, und »dass, wenn darunter eine der lebenden Natur eigen-

thümliche, chemische Kraft verstanden werde, diese Meinung ein Irrthum
ist.‹ *Humboldt* sagt 1797: ›Die Schwierigkeit, die Lebenserscheinungen des
Organismus auf physikalische und chemische Gesetze befriedigend zurück-
zuführen, liegt größtentheils und fast wie bei der Vorherverkündigung
meteorologischer Processe im Luftmeere, in der Complication der Erscheinungen, in der Vielzahl gleichzeitig wirkender Kräfte, wie der Bedingung ihrer Thätigkeit.‹ Später modificiert er etwas seine Ansicht: ›Im
Organismus beherrscht ein geheimes Gesetz alle Theile, er besteht nur, indem
alle seine Theile wechselseitig Mittel und Zweck des Ganzen sind.‹ *Althaus*.
›Briefwechsel und Gespräche *A. v. Humboldts* mit einem Freunde‹, p. 35.)

[21] *A. v. Humboldt* nennt diese naturphilosophischen Systeme, die
›heiteren und kurzen Saturnalien eines reinideellen Naturwissens‹
(›Kosmos‹, Orig.-Ausg., I, p. 69), den *›bal en masque* der tollsten Naturphilosophen‹ (*Humboldts* Briefe an *l'arnhagen*, p. 90), und führt als Bei-
spiele an: ›Der Diamant ist ein zum Bewusstsein gekommener Kiesel‹ nach
Carus; ›Osten ist Sauerstoff, Westen Hydrogen; es regnet, wenn die Ost-
wolken sich mit Westwolken mischen‹ nach *Schelling.* — Dass diese Art
Naturerklärung bei Männern, die sich mit der Erforschung der Natur-
erscheinungen ernstlich beschäftigten, geringschätzige Entrüstung und
heftige Opposition erregte, ist begreiflich. Dessenungeachtet haben bedeutende Naturforscher, die erst in den letzten Jahrzehnten dahinge-
schieden sind — ich denke an *Du Bois-Reymond, Helmholtz, Nägeli* —
jene geistigen Scheuklappen verschmäht, die eine jüngere Generation sogar
erkenntnistheoretischen Bestrebungen gegenüber trägt.

[22] *Bruns* ›Alexander von Humboldt‹, I, p. 219.

[23] *Losanitsch,* ›Berl. Ber.‹, Bd. 30, p. 1917, u. *F. Herrmann.* ebend.,
p. 2423.

[24] Die Kernnucleine und Nucleoalbumine bilden wohl den Haupt-
bestandtheil des Kernes. Wahrscheinlich ist die Beschaffenheit dieses chemischen Materials für die Constanz der Arten, für die Vererbung ihrer Eigenschaften und für die individuelle Variabilität von großer Bedeutung.

[25] Leucine verschiedener Abkunft zeigen nicht bloß entgegengesetztes
Polarisationsvermögen, sondern bei gleichsinniger Polarisation einen verschiedenen Grad.

[26] *E. Fischer* hat gezeigt, dass jedem Doppelzucker eine bestimmte
Gruppe spaltender (invertierender) Fermente entspricht: dem Rohrzucker
das Invertin, dem Malzzucker die Maltase u. s. w. Es ist wahrscheinlich,

dass daran die Configuration, der Bau des Molecüls Schuld trägt. »Berl. Ber.«, Bd. 28 (1895), p. 1429 ff. — Der Schimmelpilz (penicillium glaucum) in eine Lösung von rechts- und linksdrehendem Leucin ausgesät, verbraucht nur die rechtsdrehende Modification. Sie muss dem Chemismus dieses Pilzes adäquat sein. Vielleicht hat dieses Verhalten einen ähnlichen Grund wie das der ungeformten (leblosen) Fermente, so dass Aussicht wäre, es werde manche anscheinend biologische Thätigkeit des Protoplasmas sich auf einfachere chemische Processe zurückführen lassen. Vielleicht ist die unzweifelhaft elective Thätigkeit vieler Gewebszellen unseres Körpers analog mit der mancher Pilze.

[77] *Pfaundler*, »Die Entwertung der Materie«. Almanach der kais. Akademie d. Wiss., 1888, p. 237. Damit zu vergl. »Beiträge zur chemischen Statik«, 1867, »Poggend. Ann.«, Bd. CXXXI, 55 ff. — »Kampf ums Dasein unter den Molecülen«, ibid., Jubelband, 1873, p. 182 ff., und »Über das Wesen des weichen und halbflüssigen Zustandes«, Sitzungsber. der kais. Akademie d. Wiss., Bd. LXXIII, 2. Abth. p. 249 ff.

[78] *Virchow*, »Vier Reden über Leben und Kranksein«, 1862, p. 10. — Um den chemischen Vorgängen in der Zelle näher zu treten, nehmen manche Forscher eine Art physiologischer Einheiten an (*Nägelis* Micellen, *Wiesners* Plasomen, *Fosters* und *Meltzers* Somacüle), die nicht auseinander gerissen werden können, ohne dass das Leben der aus ihnen bestehenden organisierten Materie gefährdet würde. »Sie sind Ernährungsbezirke, in welchen die Assimilation von Nährstoffen und die Excretion von Abfuhrstoffen einheitlich vor sich gehen« (*Meltzer*, »Zeitschr. f. Biol.«, 1894, p. 503). *Nägelis* Ansichten in dem Werk »Mechanisch-physiologische Theorie der Abstammungslehre«, München 1884. *Wiesner*, »Die Elementarstructur und das Wachsthum der lebenden Substanz«, 1892; bes. c. 1 und das geistvolle, zusammenfassende Schlusscapitel »Schlussbetrachtungen«.

[79] *Du Bois-Reymond*. »Unters. über thier. Elektr.«, Einl. XLVII.

[80] Vgl. *Spitzer*, »Beitr. zur Descendenztheorie«, 1886, p. 437 ff. — Kritik der *Darwin*'schen Erklärung der Farbenmimicry bei *J. Henle*. »Teleologie und Darwinismus« in den »Anthropol. Vorträgen«, Heft 2, p. 75. — *Galen* war so sehr Teleolog, dass er die Anatomie nicht als Basis der Physiologie betrachtete, sondern die Zweckmäßigkeit der Organe mit Bezug auf ihre Verrichtungen in den Vordergrund der Betrachtungen stellte. Seine Bewunderung der Zweckmäßigkeit des männlichen Genitalapparates streift ans Burleske.

[31] *Kant.* »Krit. d. prakt. Urtheilskr.«, § 77. Ed. Rosenkranz, IV,
p. 309 ff. -- Vgl. *Pflüger.* »Die teleologische Mechanik der lebenden Natur«.

[32] *Virchow.* »Alter und neuer Vitalismus« (Arch., IX, p. 20): »Trotz-
dem können wir nicht erkennen, dass die Erscheinungen des Lebens sich
einfach als eine Manifestation der den Stoffen inhärierenden Naturkräfte
begreifen lassen; vielmehr glaube ich immer noch als den wesentlichen
Grund des Lebens eine mitgetheilte, abgeleitete Kraft von den Molecular-
kräften unterscheiden zu müssen.«

[33] *Bunge*, einer der Hauptvertreter der vitalistischen Richtung, weist
in einem interessanten Vortrag »Über Vitalismus und Mechanismus« (1886)
darauf hin, dass man nicht unterlassen dürfe, von dem Bekannten, von der
Innenwelt ausgehend, das Unbekannte, die Außenwelt zu erklären. -- *Bunges*
»Activität« hält *Du Bois-Reymond* für identisch mit *Smaasens* »dynami-
schem Gleichgewicht« (Kön. Akad. d. Wiss. in Berlin, 28. Juni 1894).

[34] Selbst *Du Bois-Reymond*, dem man gewiss keine Voreingenommen-
heit für Metaphysik vorwerfen wird, sagt: Geht man auf den Grund der
Erscheinungen, »so erkennt man bald, dass es weder Kräfte noch Materie
gibt. Beides sind von verschiedenen Standpunkten aus aufgenommene Abstractionen der Dinge, wie sie sind« (»Thier. Elektr.«, p. XL. Vgl. *Henle*.
»Der medicinische und religiöse Dualismus« in »Anthropol. Vorträgen«,
II, p. 128.

[35] Da das Bewusstsein im Vergleich mit dem unbewussten Zustande
gewiss eine höhere Entwickelungsstufe vorstellt, so müsste der Mensch
höher stehen, als die ganze übrige Natur, wenn (wie die Materialisten
strenger Observanz annehmen) die bewusstlose, dumpfe Materie das »Ding
an sich« wäre, das hinter den Erscheinungen steht.

[36] *C. Lange* (Gemüthsbewegungen) behauptet: »Was die Mutter, die
über ihr todtes Kind trauert, fühlt, ist in Wirklichkeit die Müdigkeit und
Schlaffheit ihrer Muskeln, die Kälte ihrer blutleeren Haut, der Mangel
ihres Gehirnes an Kraft zu klarem und schnellem Denken u. s. w.« Wie weit
eine das Denken beherrschende Theorie das natürliche Urtheil trüben kann!

[37] Außer *Fechners* grundlegenden Arbeiten vor allem die zusammenfassende Darstellung in *Wundts* »Vorlesungen über die Menschen- und
Thierseele«, 2. Aufl., 1892.

[38] *Tyndall.* »Allerlei Aufzeichnungen aus den Alpen« in »Frag-
mente«, Neue Folge, 1895, p. 506. Vergl. das Cap. »Allbeseelung« in *Paulsens*
»Einleitung in die Philos.«, p. 91—116.

[39] *Kant.* ›Träume eines Geistersehers‹, Ed. Rosenkranz, VII, 1, p. 46.
Vgl. auch *Riehl.* ›Philosoph. Kriticismus‹ II, 2, p. 180.

[40] *H. van't Hoff* (›Zeitschr. f. anorg. Chemie‹, XVIII, p 8) weist
darauf hin, wie durch Übertragung der beiden Hauptsätze der Wärmelehre
auch biologische Probleme ihre Lösung finden dürften, die ›außer dem
Bereich der Configurationslehre liegen‹, wie ja schon Probleme in dieser
Weise eine Lösung erfahren haben, die ›mit unseren atomistischen und
structurellen Auffassungen bis dahin so wenig direct zusammenhängen,
dass sie dem in dieser Schule ausgebildeten Chemiker öfters nicht zu-
sagen.‹ — *Faraday* sagt von der Atomhypothese: ›May be right — but
may be all wrong‹ (*Bence Jones*, ›Life of Faraday‹, vol. II, p. 174). —
Humboldts Äußerung in ›Kosmos‹, V, p. 13. Vgl. *Schützenberger* in der
geistvollen Vorrede zum ›Traité de Chimie générale‹, I, p. VII: ›L'hypo-
tèse des atomes n'a fait prévoir aucun fait vérifié a posteriori par l'expérience. Elle semble, il est vrai, les expliquer tous, mais par un procédé
peu scientifique, consistant à doter successivement ces atomes des propriétés
que l'expérience nous revèle dans les corps.‹

[41] *Neumeister,* der wohl zu den Vitalisten nicht gezählt werden
kann, sagt in seinem trefflich geschriebenen Lehrbuch der physiol. Chemie:
›Dennoch ist nicht zu leugnen, dass die physiologische Forschung in Bezug
auf die mechanische Erklärung der eigentlichen Lebensvorgänge bis jetzt
nichts geleistet hat‹ (S. 2).

[42] Auch *Kant* nahm eine allmähliche Evolution der Lebewesen als
möglich an. ›Allein die Erfahrung zeigt davon kein Beispiel.‹ setzt er
vorsichtig hinzu. ›Krit. d. Urtheilskr.‹, § 79. Rosenkranz, IV., p. 314. —
Außer in den älteren Kritiken der *Darwin*'schen Lehren von *Kölliker.*
von *Henle* (›Anthropol. Vorträge‹, II, p. 63 ff.), *Wigand,* ›Der Darwinismus‹, sind die Einwände, besonders gegen die Hypothesen der ›natür-
lichen Auslese‹ und der ›Pangenesis‹ trefflich beleuchtet in *St. George
Mivart* ›On the Genesis of Species‹, Lond. 1871. — Vgl. auch *H. Spitzer.*
›Beiträge zur Descendenztheorie u. s. w.‹ 1886. — *v. Nägeli* weist darauf
hin, dass die artbildenden Eigenschaften bei der Pflanze kaum je mit dem
›Nutzen‹ etwas zu thun haben. Er nimmt vielmehr ein innewohnendes
Vervollkommnungsprincip als die Triebfeder der Evolution an. Auch
Eimer vertritt mit der ›Orthogenesis‹ die Ansicht, dass die mannigfachen
Formen der Thiere (vornehmlich der Lepidopteren) durch die Entwickelung
w e n i g e r, bestimmt gerichteter Anlagen unter der Einwirkung äußerer

Einflüsse (Nahrung. Temperatur u. s. w.) erfolge. Überhaupt mehrt sich die Zahl der speciellen Fachgenossen, die ihre Stimmen gegen die uneingeschränkte Giltigkeit der *Darwin*'schen Theorien erheben. *Spengel* leugnet eine weittragende Bedeutung der »functionellen Anpassung«; er betrachtet überhaupt die Anpassung nicht als Ursache, sondern als Folge der Artbildung. (»Zweckmäßigkeit und Anpassung«, Akadem. Rede, 1898, p. 13 ff.) *A. Goette* sagt (in seiner Rectoratsrede »Über Vererbung und Anpassung«, 1898, p. 60), die Beweisführung *Darwins* für die Wahrheit seiner Descendenzlehre, »das was man schlechtweg den Darwinismus nennt, gilt schon heute nicht mehr allgemein für einwandfrei und dürfte in nicht zu langer Zeit anderen Auffassungen weichen«. — Neue Bahnen zur Erforschung der Ursachen der organischen Gestaltung sind bezeichnet in einem Aufsatz von *Y. Delage*, »Une science nouvelle: la Biomécanique.« (»Rev. gén. des sciences pures et appliquées«, 1895, 6. Jahrg., Nr. 10). Diese Forschungsrichtung besitzt seit 1894 ihr Organ an *W. Roux'* »Archiv für Entwickelungsmechanik«.

[43] Die Annahme, dass die erblichen Eigenschaften in dem »Chromatin« der Spermaköpfe durch besondere Molecüle bedingt seien, und dass dieses das complicierteste des Körpers sein müsse, weil es die Stammmolecüle aller anderen enthalte (*Weismann*), hat die chemische Untersuchung nicht bestätigt. Das Chromatin des Hering- und Lachsspermas ist das einfachste von allen bisher bekannten; es ist merkwürdigerweise viel einfacher zusammengesetzt, als das eines in der Reihe viel tiefer stehenden Thieres, eines Seeigels (A r b a c i a). *A. Mathews*, »Zur Chem. der Spermatozöen«. *Hoppe-Seylers* »Zeitschr. f. phys. Chem.«, Bd. 23, p. 399.

[44] Es ist nicht widersinnig sich vorzustellen, dass uns z. B. ein adäquater Sinn eigen wäre, der den Reiz der *Röntgen*'schen Strahlen unmittelbar unserem Bewusstsein vermitteln würde, und dass wir eine von Licht ganz verschiedene Empfindung erhielten; wie ja z. B. auch die jenseits des Roth liegenden Ätherschwingungen von größerer Wellenlänge uns nicht als Licht, sondern als Wärme zum Bewusstsein gelangen.

[45] *Liebig* sagt: »Es können die Gesetze des Lebens ... erforscht werden, ohne dass man jemals wissen wird, was Leben ist.« (»Thierchem.«, 2. Aufl., p. 8.)

Berichtigungen.

Lies Seite 14, Zeile 15 von oben: zusammen statt an.

„ „ 16, „ 5 „ „ nicht verfällt.

„ „ 22, „ 3 „ unten: möglichen statt gewöhnlichen.

„ „ 27, „ 3 „ oben: organisierter statt anorganischer.